AF143293

Asexualité : quand le sexe n'est pas un sujet

Asexualité : quand le sexe n'est pas un sujet

Véronique Lopez

© 2023 Véronique Lopez
Édition : BoD – Books on Demand, info@bod.fr
Impression : BoD – Books on Demand, In de Tarpen 42,
Norderstedt (Allemagne)
Impression à la demande
Illustration : par l'auteur

ISBN : 978-2-3225-0625-5

Dépôt légal : Novembre 2023

"Le sexe n'est pas l'amour, ce n'est qu'un territoire que l'amour s'approprie."

Milan Kundera

SOMMAIRE

AVANT-PROPOS

Au fil de mes années de pratique de la psychothérapie, je n'ai que rarement reçu en consultation des patients se définissant spontanément comme asexuels. Cependant, plusieurs personnes sont venues me voir, inquiètes de leur manque de désir et d'appétit sexuel. Sans employer le terme "asexualité", leurs témoignages exprimaient une même détresse face à une intimité physique qu'ils ne parvenaient pas à éprouver.

Ces récits m'ont profondément touchée et ont éveillé ma curiosité pour ce trouble de l'identité sexuelle encore tabou. J'ai alors entrepris d'enquêter plus avant sur l'asexualité, afin de mieux accompagner ces patients en souffrance. Leurs confidences ont été le point de départ d'un cheminement personnel et professionnel pour mieux appréhender ce phénomène méconnu.

À travers leurs confidences parfois douloureuses, j'ai découvert le sentiment de marginalisation, l'incompréhension sociale, la solitude affective qui constituent le quotidien de nombre d'asexuels. J'ai aussi pu constater à quel point ce sujet restait tabou y compris dans le monde médical et psychologique.

C'est de ce constat qu'est né le projet de cet ouvrage. Mon ambition est d'apporter un éclairage nuancé sur l'asexualité, pour contribuer à une meilleure appréhension de cette orientation minoritaire. Je souhaite offrir des clés de compréhension et d'acceptation, tant aux personnes concernées qu'à leurs proches. Car comprendre l'asexualité, c'est avant tout comprendre la détresse de l'asexuel prisonnier de doutes et d'incompréhensions. C'est reconnaître sa quête légitime d'identité et de sens, au-delà des normes établies en matière de sexualité.

Les exemples concrets issus de ma pratique clinique viendront illustrer ce voyage au cœur de l'intimité asexuelle. Ils sont pour moi la plus belle des motivations pour percer les mystères de cette orientation méconnue et promouvoir l'acceptation bienveillante de la différence.

INTRODUCTION

La sexualité occupe une place prépondérante dans la société contemporaine. Une sexualité épanouie est souvent perçue comme indispensable à l'équilibre physique et mental. Pourtant, certaines personnes semblent échapper à cette quête de plaisir charnel et de rapport intime. On parle alors d'asexualité.

Concrètement, l'asexualité se définit comme l'absence ou la très faible intensité du désir sexuel. L'asexuel ne ressent pas ou très peu d'attirance pour les rapports physiques, que ce soit de façon situationnelle ou durable.

Je tiens à préciser que l'asexualité ne doit pas être confondue avec l'absence de sexualité ou de masturbation. Certains asexuels pratiquent la masturbation pour des raisons de bien-être, et non par désir sexuel. L'asexualité renvoie à une absence de pulsion sexuelle dirigée vers autrui.

Longtemps ignorée, voire niée, cette absence d'appétence sexuelle intrigue et interroge. Comment comprendre qu'autrui puisse se passer de rapports intimes et s'en porter bien ? Le sexe ne serait-il pas ce besoin primaire si ancré dans la nature humaine ?

Dans cet ouvrage, je vais tenter d'apporter un éclairage nuancé sur cette orientation méconnue. J'aborderai ses manifestations concrètes, ses origines possibles, ses répercussions psycho-sociales. L'objectif est de mieux comprendre l'asexuel dans toute sa complexité, afin de favoriser l'acceptation de cette sensibilité singulière.

Je précise que les témoignages de patients présentés ne concernent pas uniquement des personnes s'identifiant pleinement et en permanence comme asexuelles. Certains récits illustrent des épisodes d'asexualité transitoire ou contextuelle chez des patients au parcours varié. Car l'asexualité peut surgir à différents moments d'une vie, de manière passagère ou durable. Mon propos est ici d'explorer l'asexualité sous toutes ses formes, qu'elle soit une orientation identitaire affirmée ou une phase temporaire. Dans tous les cas, ces exemples éclairent avec acuité le rapport complexe qu'entretiennent certains individus avec l'absence de désir sexuel, source de nombreux tourments.

Ensemble, nous explorerons les multiples façons d'habiter son corps et de vivre l'intime. Car il existe une infinité de manières légitimes de s'épanouir au-delà du seul prisme de la sexualité.

HISTOIRE DE L'ASEXUALITÉ

L'asexualité est un concept relativement récent qui commence seulement à être reconnu comme une orientation sexuelle à part entière. Longtemps ignorée, voire niée, cette absence de pulsion sexuelle intrigue et interroge. Qu'entend-on exactement par asexualité ? D'où vient ce terme ? Comment le distinguer d'autres troubles de la libido ? Clarifions ensemble les contours de cette notion.

QU'EST-CE QUE L'ASEXUALITÉ ?

Le terme « asexualité » désigne l'absence ou la très faible intensité du désir sexuel. L'asexuel ressent peu ou pas d'attirance pour les rapports physiques et intimes. Contrairement aux idées reçues, cette absence de pulsion sexuelle n'est pas nécessairement liée à un dégoût du sexe. Elle se distingue d'une frigidité, d'une inhibition ou d'une phobie des contacts physiques.

L'asexualité se définit avant tout comme une orientation, une façon d'être au monde et de nouer des liens sans passer par la sexualité. Bien que la majorité des asexuels ne ressentent pas le besoin d'avoir des relations sexuelles, certains peuvent néanmoins en avoir pour satisfaire leur partenaire ou répondre à une pression sociale. Mais le désir spontané n'est pas là.

On estime qu'environ 1% de la population serait asexuelle. Mais ce chiffre est probablement sous-évalué en raison du manque de visibilité du phénomène et de la complexité des études réalisées (questions gênantes, anonymat relatif, etc.).

Les degrés d'asexualité sont variés : certaines personnes sont asexuelles de manière transitoire, d'autres de façon durable, voire définitive. Cette orientation recouvre donc des réalités humaines diverses.

ORIGINE DU TERME ASEXUALITÉ

Si l'absence de désir sexuel a toujours existé, le terme « asexualité » est relativement récent. Il a été formulé pour la première fois en 1977 par le psychologue Michael Storms dans un article intitulé « Theories of sexual orientation[1] ».

Michael Storms souhaitait proposer un modèle plus nuancé des orientations sexuelles, au-delà du clivage hétérosexualité/homosexualité. Son échelle incluait l'asexualité comme absence de désir pour l'un ou l'autre sexe.

Mais ce n'est que dans les années 2000 que le terme a commencé à se populariser, notamment via des forums en ligne rassemblant des personnes s'identifiant comme asexuelles. En 2001 est fondé le Asexual Visibility and Education Network[2] (AVEN), qui joue un rôle clé dans l'émergence d'une conscience communautaire asexuelle. L'asexualité est d'ailleurs représentée par la lettre A dans l'acronyme LGBTQIA+. Elle possède aussi son propre drapeau, qui est composé de quatre bandes horizontales :

- Noir en haut : représente l'asexualité

- Gris pâle : la zone grise entre sexualité et asexualité

- Blanc : l'allié, ami ou partenaire sexuel d'un asexuel

- Violet : la communauté asexuelle

Le noir, le gris et le blanc symbolisent l'asexualité elle-même dans toutes ses nuances. Le violet est la couleur de la fierté asexuelle.

Ce drapeau est devenu un symbole important pour les personnes asexuelles, leur permettant de s'identifier visuellement et de gagner en visibilité. Il est régulièrement brandi lors des marches des Fiertés ou porté sous forme de bracelet ou de badge par les activistes asexuels.

Progressivement, l'asexualité s'affirme comme une orientation à part entière et non comme un trouble à soigner. Les personnes asexuelles revendiquent leur droit à ne pas ressentir d'attirance sexuelle sans être pathologisées. Depuis 2011, le 6 avril est même devenu la Journée internationale de la visibilité de l'asexualité.

Ces avancées symbolisent la lutte des asexuels pour une meilleure acceptation et intégration dans la société.

LES NUANCES DE L'ASEXUALITÉ

L'asexualité est un spectre, et certaines personnes se situent dans une zone grise entre l'allosexualité (attraction sexuelle envers d'autres personnes, quelles que soient leurs orientations sexuelles) et l'asexualité complète. C'est notamment le cas des demi-sexuels et des grissexuels (ou greysexuels).

Les demisexuels ne ressentent une attirance sexuelle que dans le cadre d'une relation affective très forte. Ils ont donc besoin d'un lien émotionnel profond avant de désirer une relation physique. Quant aux gris-sexuels, ils éprouvent une attirance sexuelle occasionnelle ou d'intensité limitée. Leur degré de libido et d'intérêt pour le sexe se situe

entre celui des asexuels et celui des allosexuels.

Ces orientations nuancées montrent que
l'asexualité est un continuum. De nombreuses expériences et réalités différentes
coexistent sous ce terme. Demisexuels et
grissexuels partagent des points communs
avec les asexuels, mais ont un rapport au
sexe et à la séduction plus complexe. Ils
peuvent rencontrer de l'incompréhension et
se sentir "pas assez asexuels" pour faire partie de cette communauté. Pourtant, ils y ont
toute leur place s'ils s'y reconnaissent.

DIFFERENCIER ASEXUALITÉ ET AUTRES TROUBLES

Il est important de distinguer l'asexualité
de quelques troubles pouvant impliquer une
baisse de libido :

L'anaphrodisie

Il s'agit d'une difficulté ou incapacité à ressentir du désir sexuel. Causée par des facteurs hormonaux, psychologiques ou relationnels, elle se distingue de l'asexualité, car elle est vécue comme problématique par la personne.

Les dysfonctions sexuelles

Elles désignent des troubles physiques empêchant l'accomplissement des rapports sexuels (vaginisme, éjaculation précoce...). Là encore, la personne ressent de la frustration.

L'hypoactivité sexuelle

Ce trouble se caractérise par un faible désir pour le sexe en lien avec des causes médicales ou psychologiques. À la différence de l'asexualité, l'hypoactivité s'accompagne d'une détresse.

Ainsi, l'asexualité ne doit pas être confondue avec ces difficultés pour lesquelles l'absence de désir est problématique. L'asexuel s'épanouit et se sent bien dans sa faible ou absence de pulsion sexuelle. Celle-ci relève de son orientation et non d'un trouble.

Ce premier chapitre aura permis de clarifier ce qu'on entend par asexualité et de retracer les origines de ce concept. Intéressons-nous désormais aux manifestations concrètes de cette orientation singulière.

----

[1] Théorie des orientations sexuelles
[2] Réseau de visibilité et d'éducation pour l'asexualité

PRINCIPAUX SYMPTÔMES

Les personnes asexuelles ne présentent pas toutes les mêmes symptômes, et avec la même intensité. Certains signes sont néanmoins récurrents chez de nombreux asexuels, qu'il s'agisse de leurs pensées, leurs émotions, leurs réactions physiques ou leurs relations aux autres.

Je vais détailler ici les manifestations les plus fréquentes de l'asexualité dans ses diverses dimensions psychologiques et comportementales. Ces témoignages issus de ma pratique clinique vous permettront de mieux appréhender le quotidien des personnes aux prises avec cette absence de désir sexuel*.

————————

*tous les prénoms de mes patients ont été changés

SYMPTÔMES COGNITIFS

Sur le plan des pensées et des représentations mentales, l'asexualité peut se manifester de différentes manières. Je vous propose d'analyser plus en détails les distorsions cognitives typiques de cette orientation :

Peu ou pas de fantasmes à caractère sexuel

Contrairement à la majorité des gens, l'asexuel n'a pas ou très peu de fantasmes à caractère sexuel. Son imaginaire et ses rêveries tournent autour d'autres centres d'intérêt.

> Céline, une jeune femme de 28 ans, m'a expliqué n'avoir jamais compris l'engouement de ses amies pour les magazines féminins vantant les prouesses sexuelles.
> « Moi, la rubrique "Conseils pour prendre du plaisir" ne m'a jamais intéressée », m'a-t-elle confié.

Ses fantasmes tournent plutôt autour de la mode, des voyages ou du yoga.

Désintérêt pour les sujets en lien avec la sexualité

En cohérence avec le point précédent, l'asexuel accorde peu d'intérêt aux discussions portant sur le sexe. Que ce soit dans les médias, entre amis ou en consultation, il préfère orienter la conversation vers d'autres sujets qui le concernent davantage.

> « C'est un truc qui me passe complètement au-dessus, raconte Simon, 32 ans. Quand mes potes me parlent de leurs exploits sexuels, je suis là à hocher la tête poliment en sirotant ma bière, en me demandant ce que je vais bien pouvoir dire quand ce sera à mon tour. Heureusement qu'ils finissent par changer de sujet ! »

Difficulté à s'imaginer en situation sexuelle

Beaucoup d'asexuels peinent à s'imaginer en train d'avoir des relations sexuelles, même avec un partenaire attractif. Ces scénarios hypothétiques ne parviennent pas à susciter de réel désir ou excitation. Au contraire, ils génèrent un certain malaise.

> Jade m'a raconté ce qu'elle appelle "sa différence" : « Quand on me demande ce qui m'exciterait le plus au lit, je suis très embarrassée, je n'arrive pas à fantasmer ou à me projeter. Même si on me décrit un bel étalon musclé, ça ne déclenche rien en moi. Avant, je ressentais de la gêne d'être aussi coincée. Aujourd'hui, c'est plutôt ma libido, mon corps, mes choix ! »

Idéalisation de la relation platonique

Certains asexuels idéalisent les relations platoniques et estiment que l'amour vrai n'a pas besoin de sexe pour s'épanouir. Ils considèrent que les rapports charnels viennent « souiller » un lien qui se suffit à lui-même.

Lucie, 25 ans, était l'une de mes premières patientes. Lors de nos séances, elle m'expliquait son désintérêt pour la sexualité et son idéal du grand amour platonique :
« J'ai toujours rêvé d'une relation fusionnelle, d'un amour absolu comme dans les films romantiques ou les légendes courtoises. Je suis convaincue que j'ai une âme-sœur quelque part, un prince charmant avec qui je serais parfaitement connectée. Mais le sexe me semble dégrader cela, rabaisser ce lien pur à quelque chose de primaire. Je suis certaine que lorsque je rencontrerai l'élu de mon cœur, nous serons comblés spirituellement sans avoir besoin de rapports sexuels. »

En creusant avec Lucie, j'ai compris que cette idéalisation de l'amour platonique était liée à une image fantasmatique et irréaliste des relations amoureuses, nourrie par les œuvres de fiction. Ne parvenant pas à atteindre ce modèle imaginaire, Lucie en venait à dénigrer la sexualité comme responsable de cet écart.

L'asexualité de Lucie provenait en partie d'une désillusion face à l'amour réel, qui ne correspondait pas à la perfection attendue.

Minimisation de l'importance du sexe

De manière générale, l'asexuel accorde peu d'importance au sexe dans sa vie. Il le considère comme accessoire, facultatif, loin d'être ce besoin primaire et vital décrit par la majorité des gens.

Simon assume pleinement son asexualité. Il explique qu'il y a tellement de choses qui comptent plus pour son équilibre : ses amis, son chat, ses plantes vertes, le sport, la politique... Pour lui, pourquoi s'embarrasser de quelque chose qui ne lui apporte rien ?

L'asexualité n'est pas un problème pour Simon. Il a trouvé un épanouissement dans d'autres centres d'intérêt et relations. Le sexe ne fait simplement pas partie de ses priorités dans la vie. Il appelle à une compréhension plus large de toutes les manières de vivre son identité.

Ainsi, sur le plan cognitif, l'asexuel se caractérise par un profond désintérêt pour le sexe et une minimisation de son importance dans sa vie et ses relations. Voyons à présent comment cette orientation singulière se manifeste sur le plan émotionnel.

SYMPTÔMES ÉMOTIONNELS

L'absence de désir sexuel de l'asexuel se traduit également par des réactions émotionnelles spécifiques, souvent à l'opposé de l'attirance que la plupart des gens éprouvent spontanément.

Indifférence, ennui ou malaise lors de rapports sexuels

Que ce soit par pression sociale, pour satisfaire leur partenaire ou par simple curiosité, certains asexuels ont des rapports sexuels. Mais contrairement à la majorité, ceux-ci ne leur procurent ni plaisir ni envie. Ils ressentent au mieux de l'indifférence, au pire du dégoût ou de l'angoisse.

Joanna a vu son couple voler en éclats quand son mari allosexuel n'a plus supporté ce qu'il ressentait comme un désintérêt. Pendant des années, Joanna avait accepté d'avoir des rapports, même si elle n'en retirait aucun plaisir, uniquement pour satisfaire les besoins de son conjoint.

Mais ce compromis avait des conséquences néfastes au quotidien. Joanna devait ruser et mentir pour éviter toute situation pouvant mener à une demande de rapports de la part de son mari. Plus aucune caresse, plus aucune marque de tendresse spontanée, de peur de "déclencher" le désir de son conjoint et de devoir s'y soumettre par obligation.

Joanna développa même une aversion pour la sexualité, trouvant chaque rapport de plus en plus éprouvant, presque traumatique. Elle restait de marbre pendant l'acte, priant pour que ça se termine vite, comptant les minutes. La corvée conjugale était devenue un calvaire, mais Joanna s'y pliait par amour.

De son côté, le mari de Joanna ne comprenait pas ce désintérêt total. Il se sentait rejeté, comme si elle ne l'aimait pas vraiment. Il percevait clairement son absence d'envie lors de leurs rapports, ce qui le blessait profondément. Cette situation généra une frustration grandissante et des tensions qui finirent par causer la rupture. Joanna avait beau lui expliquer qu'elle l'aimait, juste pas de façon physique, rien n'y fit. Le manque de désir de Joanna aura eu raison de son couple, malgré tous ses efforts et compromis.

Absence de « frustration » liée au manque de sexe

Alors que beaucoup ressentent de la frustration voire de la souffrance lorsqu'ils sont privés de sexe, l'abstinence ne pose aucun problème à l'asexuel. Il ne ressent nul « besoin" physiologique ou psychologique d'assouvir un désir sexuel par le coït.

> « J'ai eu une copine qui devenait irritable au bout de quelques semaines sans rapport, s'étonne Simon. Moi, je ne voyais aucune différence, que ce soit une semaine ou six mois ! Je ne comprends pas d'où vient cette urgence pour les autres. »

Soulagement voire joie à l'idée de ne pas avoir de relations sexuelles

Loin de les attrister, l'absence de perspectives de rapports sexuels soulage et réjouit bien souvent les personnes asexuelles. Elles se sentent libérées de cette "corvée" imposée par les normes sociales.

Lors de mes consultations avec des patients asexuels, j'ai souvent entendu exprimer un intense soulagement à l'idée de ne pas avoir de relations sexuelles.

Je me souviens notamment de Jade qui m'a confié un jour : « Rien que d'imaginer passer une soirée tranquille dans mon bain avec un bon livre, plutôt que de devoir la passer au lit avec quelqu'un, ça me met de bonne humeur ! Le sexe est pour moi une vraie corvée. Je me sens libérée depuis que j'ai réalisé et accepté mon asexualité. »

Ce soulagement, parfois teinté de joie, contraste avec la frustration que ressentent la plupart des gens privés de rapports sexuels. Il traduit un authentique désintérêt, une absence de manque vis-à-vis de l'acte sexuel.

En prenant conscience de leur orientation asexuelle, de nombreuses personnes se sentent délivrées du poids de cette norme sociale imposant une sexualité épanouie. Elles goûtent enfin la sérénité d'écouter leurs aspirations profondes, en dehors de toute injonction extérieure.

Sentiment de différence, d'anormalité

Dans une société qui place la sexualité au centre de l'épanouissement, l'asexuel peut ressentir douloureusement le sentiment de ne pas correspondre à la norme. Cela génère de l'angoisse, de la honte et de la solitude.

> Céline explique qu'elle a mis du temps à assumer son asexualité. Plus jeune, elle se sentait anormale, diminuée. Elle avait l'impression de ne pas être une femme accomplie, d'avoir raté quelque chose d'essentiel. Aujourd'hui, ça va mieux, mais c'est encore un combat de tous les jours pour elle.

Le cheminement de Céline montre les difficultés que rencontrent de nombreux asexuels pour s'accepter pleinement. Malgré les progrès, le regard de la société pèse encore et génère souffrance et doutes. Un long travail sur soi est souvent nécessaire pour retrouver confiance.

En lisant ces témoignages, on comprend mieux comment, sur le plan émotionnel, l'asexualité se caractérise souvent par de l'indifférence ou de l'aversion pour la sexualité, et un sentiment de différence par rapport aux normes dominantes.

À présent, intéressons-nous aux manifestations physiologiques de ce trouble de l'identité sexuelle.

SYMPTÔMES PHYSIQUES

Contrairement à la majorité des gens, le corps de l'asexuel ne réagit pas ou très peu spontanément aux stimuli à caractère sexuel.

Je vous propose d'analyser les principaux symptômes physiques de cette absence de libido.

Une absence de réactions génitales spontanées

Le corps de l'asexuel ne manifeste pas ou très rarement de façon autonome les signes physiologiques d'excitation génitale comme l'érection, la lubrification vaginale, la dilatation des pupilles, etc.

> Léo, lorsqu'il était adolescent, ne comprenait pas pourquoi ses camarades de classe semblaient tellement préoccupés par la sexualité. Lorsqu'ils croisaient une fille en jupe courte, certains avait des réactions physiques évidentes, traduisant une pulsion sexuelle. Léo, lui, restait de marbre. Aucune pensée, aucune envie, aucune réaction génitale spontanée à la vue du sexe opposé.
> Il avait l'impression d'être différent, d'avoir "raté quelque chose" que tous les autres adolescents possédaient. Il

se demandait s'il n'y avait pas un problème avec lui. Alors que ses amis basculaient dans une frénésie hormonale quasi-obsessionnelle, lui ne ressentait absolument rien. Aucune attirance, aucun fantasme.

Au cours de sa psychothérapie, Léo a réalisé qu'il était probablement asexuel. Mettre un mot sur son absence de pulsion sexuelle a été un immense soulagement.

Une insensibilité ou une neutralité lors de stimuli physiques à caractère sexuel

Même en présence de stimuli à caractère sexuel (lecture érotique, film pornographique, caresses intimes...), l'asexuel reste insensible et neutre. Son corps ne réagit pas à ces sollicitations comme la plupart des gens.

Une absence d'orgasme, ou un orgasme vécu sans plaisir sexuel

La plupart des asexuels décrivent leurs éventuels orgasmes comme des réactions purement physiques et mécaniques, sans dimension de plaisir ou d'excitation sexuels. Pour eux, l'orgasme reste déconnecté du désir et ne procure pas de satisfaction d'ordre érotique.

> Simon explique que les rares fois où il a joui, c'était juste une décharge physique, un peu comme un éternuement. Rien à voir, selon lui, avec ce que ses copains lui décrivent, le plaisir explosif ultime !

Le témoignage de Simon illustre le décalage que peuvent ressentir les personnes asexuelles par rapport aux descriptions enthousiastes de la sexualité entendues autour d'eux. Leur expérience du plaisir reste limitée, presque technique.

Sur le plan physiologique, le corps de l'asexuel ne répond pas aux stimuli sexuels comme celui de la majorité des gens. Voyons à présent comment ce trouble de l'identité sexuelle impacte les relations sociales.

SYMPTÔMES RELATIONNELS ET SOCIAUX

Les symptômes relationnels et sociaux décrits précédemment ne concernent pas tous les asexuels. En effet, nombre d'entre eux ne se rendent pas compte ou peinent à accepter leur absence d'attirance sexuelle. Ils ne vivent donc pas ces difficultés de la même manière.

Cependant, les personnes ayant pleinement réalisé et assumé leur asexualité peuvent rencontrer des complications. Leur orientation minoritaire les expose parfois à l'incompréhension, aux préjugés, voire à l'hostilité d'autrui. Cette confrontation au regard extérieur peut générer une profonde détresse psychologique.

Bien que l'asexualité n'implique pas systématiquement de tels troubles relationnels, il est essentiel d'aborder les souffrances vécues par ceux l'ayant acceptée. Comprendre les défis auxquels ils font face permet de mieux les accompagner et de créer une société plus inclusive.

De ce fait, les symptômes relationnels et sociaux présentés ici visent à éclairer le vécu des asexuels assumés, sans extrapoler à l'ensemble de la population asexuelle. L'objectif est de donner des clés pour favoriser l'intégration sereine de cette orientation minoritaire, dans le respect des différences de chacun.

Un désintérêt pour les relations de couple

Ne ressentant pas le besoin de sexualité, de nombreux asexuels ne recherchent pas activement une relation de couple, contrairement aux normes sociales. Ils se satisfont d'amitiés ou d'une solitude choisie.

Lors d'une séance, Céline m'a confié ne pas comprendre l'injonction sociale à trouver un partenaire à tout prix.

« Je n'ai jamais ressenti le besoin d'avoir un petit ami ou un mari pour être épanouie, m'a-t-elle expliqué. Je me sens très heureuse et équilibrée en étant célibataire. J'adore passer du temps avec mes chats, mes amis, ma famille. Je ne ressens absolument pas un manque affectif ou un vide à combler par la présence d'un homme dans ma vie. »

Céline m'a avoué en riant qu'elle s'amusait même de voir ses amies paniquer à l'idée de finir vieilles filles, alors que, de son côté, elle envisage sereinement cette perspective. Le célibat lui convient parfaitement et elle ne voit pas pourquoi elle devrait à tout prix trouver chaussure à son pied, comme le veut la norme sociale.

Le témoignage de Céline illustre comment l'asexualité s'accompagne souvent d'une plus grande aisance avec le célibat, loin des injonctions à la vie de couple. Céline se sent pleinement épanouie et comblée sans partenaire romantique ni sexualité.

Des difficultés à nouer une relation intime du fait d'attentes différentes

La différence d'appétence sexuelle peut compliquer l'intimité au sein d'un couple mixte composé d'un asexuel et d'une personne non-asexuelle. Des tensions voire des ruptures peuvent survenir, car le manque de désir peut être ressenti comme un manque d'amour.

Un sentiment de marginalisation et de manque de représentation

L'asexualité étant peu visible et comprise, les personnes concernées se sentent souvent marginalisées, voire "anormales". Elles manquent de modèles et de représentation positive dans la société.

Une incompréhension ou un rejet de l'entourage

Par manque d'information, l'entourage de l'asexuel (famille, amis, collègues...) peine souvent à comprendre cette orientation et à l'accepter. Ils exercent des pressions plus ou moins subtiles, voire rejettent la personne.

> « Mes proches, et notamment mes parents, sont persuadés que c'est une posture, que je finirai par changer d'avis et devenir "normale" », rapporte tristement Jade. « Ils m'incitent à consulter pour "soigner cette frigidité", comme si j'étais diminuée. C'est très violent. »

Des répercussions sur la confiance en soi de l'allosexuel

Vivre avec un partenaire asexuel peut, à terme, affecter l'estime de soi et la confiance en soi du ou de la partenaire allosexuel(le), en particulier si ce ou cette dernier(e) ne comprend pas l'orientation de l'autre. Se sentir physiquement et sexuellement désiré est important pour de nombreuses personnes dans un couple. Ne pas susciter ce désir chez son/sa partenaire peut être vécu comme un échec personnel et abîmer l'amour-propre.

> C'est ce qu'a vécu Julie quand son mari Henri a réalisé être asexuel après plusieurs années de vie commune. Malgré toute la compréhension et l'amour qu'elle portait à Henri, Julie ne pouvait s'empêcher de souffrir de ne pas lui inspirer du désir. Henri la rassurait en lui disant qu'il la trouvait séduisante, mais Julie ressentait qu'il faisait ces compliments par amour plus que par réelle attirance physique. Elle se sentait de moins en moins désirable et sa confiance en elle s'effritait, avec des répercussions sur son travail et ses relations sociales. Cette situation a fini par les conduire à envisager d'ouvrir leur couple pour répondre aux besoins de chacun.

L'asexualité d'un partenaire peut, à son insu, fragiliser l'autre en l'absence de communication et de compréhension mutuelle.

Un accompagnement bienveillant est alors essentiel.

Une pression à « s'adapter à la norme » sexo-affective

La personne asexuelle subit des injonctions directes ou indirectes à se conformer aux codes dominants en matière de sexualité et de relations amoureuses.

> Jade s'agaçait lorsque des proches lui assuraient qu'elle changerait d'avis sur l'asexualité en rencontrant le bon partenaire. On lui répétait souvent « Le jour où tu rencontreras le prince charmant, tu verras que tu auras envie de faire l'amour avec lui ».
> Elle trouvait ces remarques profondément insultantes. Comme si elle n'était qu'une jeune femme égarée qui n'attendrait qu'un homme idéal pour redevenir "normale" et sexualisée.
> A force de subir ce genre de pressions, Jade a pris conscience du caractère patriarcal de ces injonctions. On lui niait le droit d'être une femme épanouie en

dehors de la sexualité et du couple hé-
térosexuel.

Suite à cette prise de conscience, Jade
a rejoint des groupes féministes pour
affirmer la légitimité des femmes à dis-
poser librement de leur corps. Elle milite désormais activement pour dénon-
cer ces diktats sexistes qui visent à
contrôler le corps des femmes. Jade
revendique fièrement le droit d'être
asexuelle dans une société encore trop
normative concernant la sexualité féminine.

On le voit, l'asexualité peut générer une
profonde détresse liée à l'incompréhension
et aux pressions sociales. Le regard extérieur
stigmatise l'asexuel et le renvoie à son illégitimité.

Cependant, lorsque l'asexualité est comprise, reconnue et acceptée par l'entourage,
elle peut au contraire permettre à la personne de :

- S'affranchir du poids des diktats de la sexualité et de mieux s'écouter.

- Se recentrer sur d'autres aspirations profondes : créativité, spiritualité, vie citoyenne...

- Explorer des formes d'intimité alternatives au sein du couple : tendresse, complicité intellectuelle...

- Renforcer des amitiés riches, à l'abri de l'ambiguïté de la séduction.

- Cultiver un rapport serein à son propre corps et à ses limites.

Ainsi, loin d'être systématiquement une source de souffrance, l'asexualité peut aussi, si elle est vécue dans un environnement bienveillant, ouvrir la voie à un épanouissement personnel singulier, en dehors des chemins balisés de la sexualité.

Après avoir exploré ensemble les différents visages de l'asexualité, je vous propose maintenant de nous intéresser aux forces et aux faiblesses typiques des personnes vivant cette orientation singulière. Mon expérience m'a permis de discerner certaines caractéristiques récurrentes chez mes patients asexuels et je souhaite les partager, non pas pour enfermer quiconque dans des cases, mais au contraire pour mieux comprendre et accompagner chacun dans ce qu'il est. C'est avec empathie et dans un esprit d'ouverture que je vous invite à poursuivre la découverte de ce monde méconnu.

LES DIFFÉRENTES FACETTES DES ASEXUELS

L'asexualité ne doit pas être réduite à la seule absence de désir sexuel. Derrière ce symptôme, se cachent des réalités humaines diverses qu'il est essentiel d'appréhender dans leur complexité.

Contrairement à la frigidité, qui indique des difficultés dans la concrétisation du plaisir sexuel parfois liées à des blocages psycho-émotionnels, l'asexualité renvoie à une absence de pulsions et de fantasmes spontanés.

De même, à la différence du dégoût ou de la phobie du sexe présents dans certains troubles, la personne asexuelle ne repousse pas les rapports par angoisse ou déplaisir, mais par indifférence.

Ainsi, le trouble identitaire de l'asexuel est plus profond qu'un simple blocage superficiel. Il convient dès lors d'analyser les différentes composantes de sa personnalité pour saisir la complexité de son rapport au monde.

Car au-delà de son absence de libido, l'asexuel possède des forces, des failles, une sensibilité qui lui sont propres. Son asexualité vient teinter tous les aspects de son individu, mais ne saurait résumer à elle seule une personne dans son entièreté.

C'est pourquoi il m'a semblé essentiel d'esquisser ici un portrait global de "l'asexuel moyen" dans toute sa richesse psychologique. Loin des clichés du "frigide" ou de "l'anormal", ces témoignages soulignent au contraire la singularité fascinante qui caractérise chacun d'entre eux.

Je suggère donc d'explorer les principaux traits de caractère, fragilités, visions du monde qui composent la personne asexuelle. Car comprendre l'asexualité, c'est d'abord comprendre l'asexuel dans toutes les nuances de son humanité.

FORCES ET QUALITÉS DES ASEXUELS

Sens de l'amitié développé

N'étant pas focalisés sur les relations de séduction, les asexuels cultivent souvent des amitiés profondes et durables basées sur le partage et la complicité.

> Simon accorde une grande importance à l'amitié dans sa vie. Chaque dimanche, il organise un brunch convivial chez lui où il réunit ses amis proches pour partager dans la joie et la bonne humeur.
>
> Simon est très attentif au bien-être de ses amis. Il prend toujours le temps de les écouter, de les conseiller s'ils traversent des moments difficiles. Ses amis savent qu'ils peuvent compter sur son soutien indéfectible.
>
> Le fait que Simon soit asexuel simplifie et enrichit ses relations amicales avec les femmes. N'étant pas attiré par elles sexuellement, il peut tisser des liens profonds, intenses et complices, sans

que cela soit parasité par le moindre sous-entendu de séduction.

Ses amies apprécient énormément de se sentir en confiance avec lui. Elles n'ont pas à se méfier de ses intentions ou à craindre qu'il ne tente un rapprochement physique malvenu. Avec lui, l'amitié est vécue dans sa forme la plus noble et sincère.

Ainsi, l'asexualité de Simon lui permet de cultiver des relations amicales épanouissantes, débarrassées de toute ambiguïté ou tension d'ordre sexuel. Leurs échanges n'en sont que plus riches et authentiques.

Empathie

Beaucoup d'asexuels font preuve d'une grande empathie et sensibilité aux émotions et au bien-être d'autrui. Ils se montrent à l'écoute et attentionnés dans leurs relations interpersonnelles.

Céline estime que le fait de se sentir différente très tôt, de traverser des questionnements profonds sur son identité et ses pulsions, lui a permis de cultiver une grande sensibilité à la souffrance d'autrui.

Le rejet subi, l'incompréhension, la solitude, l'ont obligée à une forme de maturation émotionnelle précoce. Céline a dû apprendre à identifier les émotions d'autrui pour tenter de s'intégrer à un monde qui lui était étranger.

Aujourd'hui, ses amis viennent se confier à elle, impressionnés par sa capacité d'écoute et de compassion. Céline pense que cette empathie aiguë s'est développée comme pour compenser son sentiment de différence. Se mettre à la place de l'autre était vital pour elle.

Le parcours atypique de l'asexuel, semé de doutes et de souffrances, peut paradoxalement être une source d'une profonde humanité, d'une connexion aux tourments d'autrui. C'est du moins l'analyse de Céline sur son propre chemin.

Sens des responsabilités

L'asexuel accorde en général beaucoup d'importance à ses devoirs familiaux, professionnels et citoyens. Il se montre consciencieux et appliqué dans ses différents rôles.

Lors de nos séances, Léo m'a expliqué comment son asexualité lui avait permis de se consacrer pleinement à ses responsabilités professionnelles et citoyennes.

N'étant pas préoccupé par la sexualité ni la séduction, Léo a pu libérer du temps et de l'énergie pour se concentrer sur ses engagements. Il est très investi dans son travail d'enseignant, pour lequel il conçoit des cours très complets qu'il cherche sans cesse à améliorer.

Léo est également élu local dans sa commune. Il prend très à cœur cette mission de servir l'intérêt général et assiste assidûment aux conseils municipaux. Ses administrés apprécient son sens du devoir et sa disponibilité.

Il estime que son asexualité lui a permis de nourrir un profond sens des responsabilités, en orientant son temps et sa motivation vers des engagements divers au service des autres. Selon lui, l'absence de préoccupations sexuelles libère une formidable énergie pour la vie citoyenne.

Indépendance affective

L'être humain est fondamentalement un animal social. Dès la naissance, il éprouve le besoin de créer des liens affectifs avec ses parents, puis ses pairs. Ce besoin relationnel est naturel et indispensable à l'équilibre.

Cependant, il peut parfois virer à la dépendance affective malsaine. Celle-ci se définit comme le besoin maladif de s'appuyer exclusivement sur l'autre pour être heureux, se rassurer, se valoriser. Le dépendant affectif ne supporte pas la solitude et recherche l'amour de façon obsessionnelle pour combler un vide intérieur.

Or, du fait de leur moindre intérêt pour les relations de couple, certaines personnes asexuelles semblent préservées de ce travers. Moins focalisées sur la sexualité et la séduction, elles parviennent plus facilement à cultiver une saine indépendance affective.

FAIBLESSES ET FRAGILITÉS DE L'ASEXUEL

Difficultés d'affirmation de soi

Conditionnés à se conformer aux normes dominantes, certains asexuels ont du mal à affirmer et assumer leur orientation. Ils doutent d'eux-mêmes.

> Au départ, Simon était venu me voir pour évoquer une honte profonde vis-à-vis de son absence de désir sexuel. Conditionné à se conformer aux normes dominantes, il vivait douloureusement cette caractéristique comme une tare.
> Durant de longues années, Simon a dissimulé son absence de pulsion sexuelle, s'obligeant à feindre un intérêt

pour les rapports intimes qu'il ne ressentait pas sincèrement. Il avait intégré l'idée que ce manque supposé le rendait anormal, diminué.

Il n'osait aborder ce sujet avec personne, par crainte d'être rejeté ou moqué s'il révélait sa vraie nature. Cette obligation de porter un masque avait considérablement entamé sa confiance en lui et son estime de soi. Il se sentait comme un imposteur, un menteur, rongé par la honte.

Les séances thérapeutiques lui ont permis progressivement de s'accepter et de s'assumer pleinement comme asexuel. Simon a compris qu'il n'était ni fade, ni diminué pour autant. Au contraire, dévoiler son orientation lui a permis de renouer avec une authenticité libératrice, même si certains de ses proches ne le comprennent toujours pas.

Hypersensibilité au rejet

Les asexuels craignent souvent d'être rejetés s'ils dévoilent leur orientation. Ils sont blessés par les moqueries ou l'incompréhension.

Culpabilité face aux normes

Le poids des normes sociales peut générer un sentiment de culpabilité. L'asexuel s'en veut de ne pas être "normal" et craint de décevoir ses proches.

Jade s'est longtemps sentie "anormale" et coupable de ne pas éprouver de pulsions sexuelles, ni souhaiter fonder une famille. Dans une société où la sexualité reste souvent perçue comme l'essence de la féminité, elle avait l'impression de faillir aux attentes traditionnelles associées au rôle des femmes. Se marier, avoir des enfants, assouvir les désirs de son conjoint... autant d'injonctions intériorisées que Jade ne parvenait pas à honorer en raison de son asexualité. Incomprise, elle a culpabilisé face à ce modèle social qui semblait la rejeter hors de la "normalité". Aujourd'hui, Jade revendique sa différence et milite pour une acceptation de la diversité des expériences féminines.

Difficultés d'acceptation par l'entourage

Les proches de l'asexuel (famille, amis...) peinent parfois à accepter cette orientation qu'ils ne comprennent pas. Ils exercent des pressions souvent mal vécues.

Les parents de Léo ne conçoivent pas qu'à 36 ans, leur fils soit toujours célibataire et n'ait pas d'enfants. En tant que fils unique, Léo ressent une forte pression de ses parents pour assurer la descendance familiale. Cependant, son asexualité fait qu'il ne souhaite pas se marier ni avoir d'enfants. Ses parents l'incitent régulièrement à « trouver une femme et fonder une famille », ce qu'il vit comme une agression. Léo culpabilise de ne pas répondre aux attentes traditionnelles liées à son rôle d'homme et de fils. Il a conscience que son orientation contrarie le désir de ses parents de devenir grands-parents. Mais il ne parvient pas à renier ce qu'il est profondément pour se conformer à des normes qui lui sont étrangères. Cette incompréhension familiale est source de souffrance et de conflits.

Solitude affective

Certains asexuels peinent à trouver leur place sur le plan relationnel dans une société très sexualisée, ce qui peut les conduire à une forme de solitude affective.

En effet, la plupart des rencontres amoureuses ou amicales se font aujourd'hui via des applications, souvent destinées aux "plans d'un soir" et aux histoires de "sex friends". La sexualisation des rapports humains rend complexe l'établissement de liens profonds dénués de cette dimension pour les asexuels.

Lucie aspire à trouver un compagnon de vie avec qui partager des moments de complicité sans rapport sexuel.

Mais sur les sites de rencontres, elle se sent forcée d'afficher une appétence sexuelle qu'elle ne possède pas pour espérer matcher. Cette dissimulation permanente la désespère.

De même, elle a du mal à nouer des amitiés féminines spontanées, sans que des questions sur sa vie sexuelle ne surgissent rapidement, la mettant mal à l'aise.

La prégnance des rapports sexualisés peut plonger certains asexuels dans une forme de détresse face à la difficulté de créer des liens dénués de cette dimension omniprésente. Le risque d'isolement est réel.

En conclusion, au-delà de l'absence de désir sexuel, nous avons vu que l'asexualité revêt des réalités humaines diverses. Chaque asexuel a son propre parcours, entre célibat, vie en couple, indifférence ou dégoût pour le sexe.

Mais ce qui prime, c'est le droit au respect et à la dignité. Car l'asexualité ne définit pas une personne, elle n'en est qu'une facette. Derrière l'orientation sexuelle se cachent des individus aux personnalités riches et complexes.

C'est cette dimension humaine que je vous propose désormais d'explorer, en étudiant la façon dont les personnes asexuelles appréhendent le monde et s'y accomplissent. Au-delà des étiquettes, intéressons-nous à l'autre dans ce qu'il a de plus universel.

LA VISION DU MONDE DE L'ASEXUEL

L'asexualité conduit souvent à une perception différente des relations humaines, de l'amour et de l'épanouissement personnel. Analysons la singularité de cette vision du monde.

Quête de lien profond

Plutôt que la sexualité, de nombreux asexuels recherchent avant tout un lien affectif riche, une complicité intellectuelle et une intimité émotionnelle. Le partage des pensées prime sur celui des corps.

Désintérêt pour la séduction

La dimension séductrice des rapports interpersonnels et les jeux d'attraction ne font pas sens pour l'asexuel. Il se concentre sur d'autres aspects de la relation à l'autre.

Simon ne prête aucune attention aux codes de la drague et de la conquête amoureuse. Les rencontres galantes, les techniques de flirt, le choc des regards... Tout cet univers de la séduction lui semble artificiel.

Simon privilégie les conversations profondes et les centres d'intérêts communs pour nouer des liens. Il aspire à des relations authentiques, dénuées d'arrière-pensées sexuelles. Ce qui l'at-

tire chez l'autre, ce sont la personnalité, les valeurs et la vision du monde.

De nombreux asexuels, à l'instar de Simon, considèrent que les affinités intellec-
tuelles et émotionnelles sont bien plus im-
portantes que la séduction. Ils cultivent l'art
de relations sincères, débarrassées des non-
dits et des stratégies de pouvoir liés au jeu de
la séduction.

Remise en question de la norme de la sexualité

Certains asexuels remettent en cause la
place centrale accordée au sexe dans notre
société, qu'ils jugent exagérée et potentiellement néfaste.

En effet, la sexualité occupe une place
prépondérante dans notre culture, nos interactions sociales, notre économie. Le sexe est
utilisé abondamment à des fins marketing et
publicitaires. Les injonctions à une sexualité
épanouie sont omniprésentes.

Or, cette focalisation excessive sur le sexe
conduit certains individus à des prises de

risques inconsidérées pour leur santé. Elle peut aussi, selon certaines théories en psychologie évolutionniste, contribuer à des dérives de violence chez les hommes. En effet, la compétition entre mâles pour l'accès aux femmes a pu, à travers l'histoire, engendrer des dérives. Par exemple, le rapt des Sabines dans la Rome antique ou l'enlèvement collectif de femmes lors de raids barbares au Moyen-âge révèlent une conception de la femme comme "butin" suscitant la rivalité entre hommes.

Plus près de nous, la polygamie, en permettant aux hommes d'accumuler des épouses, a accentué les inégalités de genre et fragilisé le statut des femmes.

Dans nos sociétés modernes, le sexisme, le harcèlement de rue et les violences conjugales trouvent encore racine dans une vision possessive et dominatrice de la sexualité masculine.

Ces exemples montrent comment la compétition sexuelle entre hommes, lorsqu'elle n'est pas régulée, peut effectivement engendrer des dérives de violence et de domination au détriment du bien commun et de l'égalité entre les sexes.

Les asexuels dénoncent la place démesurée accordée au sexe dans nos sociétés, bien loin de le considérer comme vital ou nécessaire à l'épanouissement. Ils en soulignent même les dérives : obsession consumériste, violence des rapports de domination, entrave au développement intellectuel et spirituel...

Dans sa conception, l'être humain se doit de viser plus haut que la satisfaction de pulsions primitives. Son but est de s'accomplir par l'esprit, la quête de sens, le partage émotionnel. Or, la focalisation excessive sur la sexualité maintiendrait l'humain à un stade primaire, prisonnier de ses instincts.

Les asexuels invitent ainsi à explorer d'autres voies d'élévation : connaissance, sagesse, altruisme, créativité... Autant de chemins permettant de cultiver le meilleur de l'humanité, dans toute sa complexité. Ils appellent à remettre la sexualité à une juste place : importante, mais non exclusive.

Culpabilité de ne pas correspondre aux attentes

Malgré une intégration progressive, l'asexuel peut ressentir de la culpabilité à l'idée de ne pas répondre aux normes relationnelles dominantes, notamment vis-à-vis de ses proches.

Jusqu'à récemment, Pierre, 52 ans, se sentait anormal et coupable de décevoir les attentes de ses parents qui espéraient le voir fonder une famille. En tant que fils unique, il ressentait une pression particulière pour donner une descendance à sa famille et perpétuer le nom. De plus, la réussite de son cousin, qui avait suivi un parcours de vie classique avec mariage et enfants, exacerbait le sentiment d'échec de Pierre. Il avait l'impression que son cousin avait coché toutes les cases - belle carrière, épouse aimante, trois beaux enfants - tandis que lui restait un célibataire sans enfant, incompris de ses proches.
Malgré ses tentatives pour s'intégrer et correspondre aux attentes, Pierre n'a jamais ressenti l'étincelle qui aurait pu le

conduire à s'engager pleinement dans une relation amoureuse et à fonder une famille.

Il lui a fallu du temps et un travail thérapeutique pour s'affranchir de la pression familiale, sociale, et assumer pleinement son identité et son orientation asexuelles. Aujourd'hui, Pierre goûte enfin la sérénité d'être lui-même, au-delà des normes établies en matière de sexualité et de parentalité.

Ces témoignages nous montrent que, de par son absence d'intérêt pour la sexualité, l'asexuel développe une perspective singulière sur les relations humaines et l'épanouissement personnel. Sa vision du monde se heurte souvent à l'incompréhension et aux préjugés.

Maintenant que nous avons brossé un portrait général de la personne asexuelle, intéressons-nous aux origines possibles d'une telle orientation. Qu'est-ce qui conduit certains individus à ne ressentir aucune attirance sexuelle ? Les facteurs explicatifs sont complexes et multifactoriels. Je vous propose d'explorer certaines pistes éclairantes, sans prétendre épuiser un sujet aussi vaste que mystérieux. L'objectif est moins d'assigner des "causes" à l'asexualité que de comprendre ce qui la sous-tend, dans le respect de toutes les orientations.

DES ORIGINES PLURIELLES

L'asexualité peut avoir des origines diverses selon les individus. Même si certains facteurs génétiques et biologiques semblent jouer un rôle, des éléments psychologiques et socio-culturels entrent également en jeu. Il n'existe pas de cause unique permettant d'expliquer toute orientation asexuelle. Voici néanmoins quelques pistes intéressantes :

FACTEURS BIOLOGIQUES

Certains travaux de recherche mettent en évidence des particularités biologiques plus fréquentes chez les personnes asexuelles. Cependant, les liens de causalité restent à établir de manière plus rigoureuse.

Différences hormonales

Plusieurs études ont comparé les taux d'hormones sexuelles (œstrogènes, testostérone, prolactine) entre des individus asexuels et allosexuels. Elles montrent globalement des taux plus faibles chez les asexuels, en particulier concernant la testostérone (Brotto & Yule, 2017). Cependant, ces différences hormonales ne sont observées que statistiquement et ne concernent pas tous les individus asexuels. Certains ont des taux hormonaux normaux. Les mécanismes d'action précis restent à déterminer.

Influences génétiques

Une étude britannique de 2015 portant sur plusieurs milliers de participants a identifié des variations génétiques spécifiques plus fréquentes chez les personnes asexuelles (Yule et al., 2015). Certains gènes impliqués dans la régulation de la libido semblent corrélés à l'asexualité. Cependant, ces marqueurs génétiques n'expliquent qu'une partie des cas et interagissent avec d'autres facteurs.

Neuro-anatomie

Quelques études en neuro-imagerie ont révélé des spécificités dans certaines régions cérébrales liées à la sexualité (insula et thalamus) chez des individus asexuels par rapport à la moyenne (Hu et al., 2013 ; Poeppl et al., 2019). Toutefois, les implications fonctionnelles de ces particularités anatomiques restent mal comprises et ne concernent pas l'ensemble des personnes asexuelles.

Ainsi, des facteurs biologiques pourraient favoriser le développement de l'asexualité, mais leur implication exacte est encore mal connue. Ils interagissent probablement de manière complexe avec d'autres facteurs. Des recherches plus poussées sont nécessaires pour comprendre ces mécanismes.

FACTEURS PSYCHOLOGIQUES ET PSY-CHANALYTIQUES

L'analyse psychologique et psychanalytique permet d'explorer d'autres pistes explicatives à l'asexualité, en lien avec le développement psycho-affectif de l'individu.

Identification à un parent asexuel

L'enfant peut s'identifier de manière inconsciente à un parent présentant également peu ou pas de pulsion sexuelle, et reproduire ce schéma.

> Lucie estime que son absence de désir sexuel reproduit celle de sa mère, Marianne. Cette dernière entretenait un rapport complexe à la sexualité empreint de pudeur et de distance. Marianne avait toujours affiché une grande réserve vis-à-vis de ce sujet, aussi bien dans ses propos que dans son comportement. Lucie ne l'avait jamais entendue évoquer le sexe de ma-

nière positive ou décomplexée. Les scènes d'intimité au cinéma provoquaient son malaise. Elle était également toujours parfaitement apprêtée, cachant son corps dans des tenues sobres.

Dans le couple parental, Lucie n'avait jamais perçu de réelle complicité sensuelle ou de gestes tendres échangés. Les rapports sexuels semblaient plus subis par sa mère que désirés. Marianne était cependant très attachée à son mari et se satisfaisait pleinement de cette relation tiède et peu démonstrative.

Lucie a grandi avec la représentation d'une sexualité vécue comme une corvée plus qu'un plaisir. L'attitude pudique et distante de sa mère vis-à-vis du sexe a probablement nourri en elle l'idée qu'il s'agissait là d'une composante secondaire, voire négligeable de la vie de couple. Une vision qui a pu favoriser le développement de son propre désintérêt pour la chose sexuelle une fois adulte.

Fixation à un stade infantile

Certains psychanalystes rapprochent l'asexualité d'une fixation à un stade précoce de la libido, avant son investissement dans la sexualité génitale adulte.

Selon la théorie psychanalytique freudienne, le développement psychosexuel de l'enfant se fait par étapes successives, chaque stade correspondant à une zone érogène privilégiée :

- Stade oral (0-1 an) : la bouche et les lèvres

- Stade anal (1-3 ans) : la région anale

- Stade phallique (3-6 ans) : les organes génitaux

- Période de latence (6-puberté) : désinvestissement sexuel

- Stade génital (puberté) : maturation de la sexualité adulte

Chez certains individus, il existerait une fixation à l'un de ces stades précoces, empêchant l'évolution complète de la pulsion sexuelle. La libido resterait ainsi "coincée" à un stade infantile dénué de dimension génitale mature.

Par exemple, la personne asexuelle pourrait être demeurée en partie au stade phallique, continuant à investir de manière privilégiée les organes génitaux de façon auto-érotique plutôt que dans une visée relationnelle. Ou encore, elle aurait régressé au stade de latence caractérisé par une mise en veille de la sexualité.

Toujours selon la théorie psychanalytique, une fixation à un stade infantile peut avoir différentes origines :

• Surprotection parentale excessive (Winnicott, 1969) : l'excès de protection empêche l'enfant de faire ses propres expériences et le maintient dans un état de dépendance infantile.

• Éducation répressive concernant la sexualité (Reich, 1929) : une éducation prohibant strictement toute expression de la sexualité bloque le développement normal de la pulsion sexuelle.

• Événement traumatique dans l'enfance (Freud, 1920) : un trauma pendant l'enfance fige la libido à un stade infantile en entravant le processus normal de maturation psychosexuelle.

• Carence affective/absence du père et fixation infantile : selon la psychanalyse lacanienne, l'absence d'étayage affectif suffisant, notamment de la part de la figure paternelle, empêche le détachement nécessaire d'avec la mère pour que l'enfant accède à son autonomie (Lacan, 1966). Privé de ce soutien, l'enfant resterait dans une relation fusionnelle avec la mère, entravant l'émergence d'une sexualité génitale mature tournée vers le partenaire.

• Identification à un parent présentant lui-même une fixation (Freud, 1931) : l'enfant s'identifie de manière inconsciente au parent au psychisme fixé à un stade infantile et reproduit ce schéma.

Cette fixation expliquerait l'absence de fantasmes et de désirs sexuels orientés vers autrui au stade adulte. Elle empêcherait l'émergence d'une sexualité génitale tournée vers le partenaire.

Dans d'autres cas, l'asexualité pourrait également provenir d'une responsabilisation précoce de l'enfant, l'amenant à endosser le rôle de parent et à refouler sa dimension infantile. Pris par des obligations d'adulte, l'enfant n'aurait pas pu vivre pleinement les étapes psychosexuelles permettant l'éclosion d'une sexualité épanouie.

Néanmoins, il importe de noter que l'asexualité ne correspond pas nécessairement à une forme d'immaturité affective ou relationnelle. Elle peut tout à fait s'intégrer dans une personnalité adulte et équilibrée. Les théories psychanalytiques, si elles apportent un éclairage intéressant, ne sauraient constituer une explication univoque.

Traumatisme affectif précoce

Un attachement insécure, une séparation ou un rejet parental peuvent être source d'inhibition affective et sexuelle durable.

Joanna pense que le départ soudain de son père, alors qu'elle avait 8 ans, a généré chez elle une méfiance durable envers les hommes, qui a bloqué toute vie sexuelle.

Elle se souvient encore de cette matinée où son père leur a annoncé à elle et à sa mère qu'il les quittait, sans explication. Du jour au lendemain, il a fait ses valises et elle ne l'a plus jamais revu.

Cet abandon brutal a profondément marqué Joanna, d'autant plus qu'elle était très proche de son père qui passait beaucoup de temps à jouer et rire avec elle. Il représentait la sécurité et la joie de vivre. Son départ a créé un traumatisme et un vide affectif immense.

Suite à cela, Joanna s'est renfermée sur elle-même et a sombré dans une profonde tristesse pendant des mois.

Elle ne comprenait pas comment son père avait pu l'abandonner ainsi, elle qui pensait être sa princesse.

Cet épisode a durablement entamé sa confiance en elle et en les hommes en général. Inconsciemment, elle les percevait tous comme des menteurs prêts à trahir et à tout abandonner du jour au lendemain.
Arrivée à l'adolescence, lorsque ses amies s'intéressaient aux garçons et aux relations amoureuses, Joanna restait de marbre, convictions ancrées qu'elle ne pouvait attendre rien de bon du sexe opposé. Ses tentatives de flirt restaient lettre morte.

Aujourd'hui, Joanna analyse que ce traumatisme précoce a jeté les bases de son asexualité. La blessure de l'abandon paternel a généré une telle méfiance envers les hommes que toute vie sexuelle s'en est trouvée durablement entravée, voire impossible.

Surinvestissement dans d'autres domaines

L'asexualité peut résulter d'une sublimation des pulsions sexuelles vers d'autres centres d'intérêt comme le travail, l'art, le sport, etc.

> C'est le cas de Marc, un sportif de haut niveau en course à pied. Il consacre l'essentiel de son temps et de son énergie à s'entraîner intensivement, à suivre un régime alimentaire strict et à optimiser sa récupération.
> La course à pied est véritablement sa passion exclusive depuis l'enfance. Marc explique n'avoir jamais ressenti d'attirance ou de désir sexuels, toute sa libido étant en quelque sorte "sublimée" vers la performance sportive.
> Selon lui, c'est l'investissement total dans le sport depuis son plus jeune âge qui a conduit chez lui à une orientation asexuelle assumée, la sexualité n'ayant jamais émergé comme un besoin ou même un intérêt.

FACTEURS SOCIAUX-CULTURELS

Le contexte culturel et éducatif peut également favoriser ou au contraire freiner l'émergence de la pulsion sexuelle.

Education répressive

Une éducation rigoriste interdisant toute expérimentation sexuelle peut conduire à une inhibition du désir.

> Henri a été élevé dans une famille très prude ; il n'a reçu aucune éducation sexuelle. Il a découvert seul l'érection et l'éjaculation, se pensant malade et n'osant pas en parler à ses parents, car la sexualité était taboue chez lui. Il pense que cette répression stricte a bloqué toute pulsion physique avant même qu'elle ne se développe sainement et dans la normalité.

Pressions et injonctions

La pression sociale autour de la sexualité peut générer des blocages, réactions de rejet ou désinvestissement pulsionnel.

Abus et traumatismes

Des violences ou abus sexuels peuvent entraîner un dégoût durable pour toute activité sexuelle. En effet, un épisode traumatique lié à la sexualité, surtout durant l'enfance ou l'adolescence, peut provoquer des blessures psychiques profondes.

Le corps devient alors un terrain anxiogène, désincarné. Le rapport à l'intime se teinte de honte et de crainte. Une forme de dissociation peut même s'opérer, conduisant la personne à "annuler" toute pulsion sexuelle pour se protéger.

Avec le temps et un travail thérapeutique, cette inhibition affective et physique peut évoluer vers une asexualité assumée. Mais dans tous les cas, le traumatisme laisse une empreinte durable, nécessitant acceptation et accompagnement bienveillant. La réappropriation sereine de son corps et de son intimité requiert patience et courage.

Normes de genre

La difficile conciliation entre certaines normes de genre et son identité personnelle peut amener à une mise à distance de la sexualité.

> Élevée dans l'idée que les femmes doivent être séductrices et disponibles, Jade s'est construite en opposition à ce modèle. Sa personne discrète et son désintérêt pour la sexualité résultent en partie du rejet de cette injonction à la féminité stéréotypée.

FACTEURS ENVIRONNEMENTAUX

Je me suis longtemps posé la question de savoir si certains facteurs environnementaux pourraient potentiellement avoir une influence. Je n'ai pas trouvé d'études permettant de l'affirmer, mais je tenais tout de même à partager avec vous le fruit de mes recherches. Par exemple :

• Les perturbateurs endocriniens présents dans l'alimentation ou certains plastiques sont suspectés d'avoir des effets sur le système hormonal et la libido. Mais leur impact spécifique sur l'asexualité n'est pas démontré.

• La sédentarité et le manque d'activité physique, plus répandus dans nos modes de vie modernes avec l'urbanisation, peuvent entraîner une baisse de la libido et du désir.

• Le stress chronique et l'anxiété générés par certains environnements citadins très stimulants pourraient également inhiber les pulsions sexuelles.

Quand bien même l'on accepterait que les facteurs environnementaux puissent avoir une influence sur la libido en général, ils ne suffiraient pas à eux seuls à expliquer l'asexualité. Celle-ci relève avant tout de la psycho-affectivité et de l'identité profonde de chaque individu. Les influences extérieures ne seraient que des éléments modulant parmi de nombreux autres.

En résumé, l'asexualité peut procéder de facteurs pluriels, qu'ils soient biologiques, psychologiques ou socio-culturels. Cette orientation résulte probablement d'une alchimie unique propre à chaque individu.

L'ASEXUALITÉ À L'ADOLESCENCE

L'adolescence, période de transformations physiques et psychologiques, peut être une phase délicate pour le jeune en questionnement sur son identité sexuelle. L'asexualité émergente est souvent difficile à vivre dans un contexte de normes et d'injonctions pressantes autour de la sexualité.

QUESTIONNEMENT IDENTITAIRE

L'adolescent asexuel se sent différent et cette dissonance cognitive génère de nombreuses interrogations troublantes. Doit-il simuler une appétence sexuelle pour s'intégrer ? Ses désirs finiront-ils par émerger ? Est-il normal ? Autant de questions déstabilisantes.

Face à ses pairs

L'absence d'attirance et de désir sexuel contraste avec le bouillonnement hormonal caractéristique du reste de la classe d'âge. Cela peut renforcer le sentiment de différence, de marginalisation et l'exposer aux moqueries.

Face aux parents

Certains parents peinent à comprendre ce désintérêt pour la sexualité. Leurs inquiétudes et leurs tentatives maladroites de "réveiller" cette libido absente génèrent des tensions et de l'incompréhension.

Face à soi-même

L'asexualité interroge douloureusement l'adolescent sur son identité. Le sentiment de ne pas être "normal" et l'incapacité à s'expliquer cet état renforcent l'angoisse et le mal-être.

DIFFICULTÉS RELATIONNELLES

Outre un questionnement identitaire déstabilisant, l'adolescent asexuel doit également faire face à des difficultés relationnelles spécifiques avec ses pairs. En effet, son absence d'attirance sexuelle contraste avec les préoccupations de ses camarades et complique la création de liens.

Amitiés complexes

Les discussions tournant souvent autour de la sexualité, il peut être compliqué pour l'adolescent asexuel de tisser des liens avec ses amis. Il peut se sentir exclu et marginalisé.

Premières relations freinées

Son désintérêt pour les rapprochements physiques et sa différence peuvent complexifier ses premières expériences sentimentales et renforcer son isolement.

Incompréhension et rejet

Incompris, l'adolescent asexuel risque d'être rejeté par des pairs qui le jugent "bizarre" et le soupçonnent d'homosexualité refoulée. Cela renforce sa détresse.

PRESSIONS ET INJONCTIONS

Parallèlement à ce trouble intime, l'adolescent asexuel subit des pressions extérieures à "se conformer à la norme" en matière de sexualité. Les injonctions sont multiples : avoir un petit ami ou une petite amie, embrasser, avoir des relations sexuelles... L'adolescence est perçue comme un âge d'exploration du désir et de l'identité sexuelle. Ne pas s'inscrire dans cette norme conduit à un sentiment d'anormalité.

Même sans être formulées explicitement, les attentes sociales véhiculées par les pairs, les médias, la publicité ou la pornographie poussent l'adolescent vers la sexualité. Ne pas s'y conformer expose au risque de la marginalisation.

Ces injonctions tacites, aussi pesantes que les discours normatifs, plongent l'adolescent asexuel dans la confusion. Incompris, en porte-à-faux avec les codes de sa génération, il ne trouve personne avec qui partager ses questionnements. Cette solitude ne fait qu'accentuer sa détresse et ses doutes sur lui-même.

Le chemin vers l'acceptation de soi sera d'autant plus long et douloureux.

De la part des pairs

Les camarades exercent souvent une pression, voire du harcèlement, visant à "normaliser" l'adolescent dans ses pratiques sexuelles supposées. En effet, l'être humain étant fondamentalement grégaire, le conformisme au sein d'un groupe revêt une importance primordiale, surtout à l'adolescence.

Le phénomène de "bande" à cet âge pousse à se conformer aux codes du groupe : avoir un petit ami ou une petite amie, parler de ses exploits sexuels même imaginaires, rire des blagues graveleuses... L'adolescent craint par dessus tout d'être exclu ou moqué par ses pairs.

Cette pression peut prendre des formes directes, comme des remarques désobligeantes ou des rumeurs quant à la supposée "anormalité" de l'adolescent asexuel. Mais elle est plus souvent diffuse et insidieuse : mise à l'écart des conversations, regards interrogateurs, suppositions sur l'orientation sexuelle...

Incapable de s'intégrer dans les rituels adolescents de séduction et de sexualité naissante, l'asexuel subit de plein fouet le poids de la norme. Son estime de soi s'en trouve fragilisée.

De la part de la société

Les représentations sexuelles véhiculées par les médias et la culture populaire contraignent l'adolescent à un modèle dominant de sexualité juvénile intensive et précoce.

De la part de soi-même

L'adolescent s'inflige parfois à lui-même cette pression, cherchant désespérément à s'adapter aux diktats de ses pairs et de la société en matière de sexualité.

L'asexualité à l'adolescence peut générer détresse et sentiments douloureux d'anormalité, face aux attentes sociales autour du sexe. Le jeune asexuel a besoin d'être accompagné et soutenu pour traverser cette période avec le moins de séquelles possibles.

IMPACT SUR LA CONSTRUCTION IDENTITAIRE

Conséquence de ce questionnement torturant et de ces pressions sociétales, l'asexualité a des répercussions profondes sur la construction identitaire à un âge où celle-ci s'opère. Analysons les principaux impacts observés.

Sentiment de ne pas être dans la norme

L'adolescent asexuel se sent profondément différent de ses pairs et anormal. Cela fragilise la construction d'une identité sexuelle sereine.

Difficulté à s'assumer

Faute de modèles et de représentations positives, il est compliqué pour l'adolescent asexuel d'assumer cette orientation et de s'y épanouir.

Doutes et remises en question

L'adolescent traverse des phases de doutes, se demandant s'il ne finira pas par devenir "normal" et ressentir du désir. Cette incertitude identitaire génère de l'anxiété.

Un décalage avec les représentations du masculin et du féminin

Chez certains adolescents asexuels, l'absence de sexualité génère un profond décalage avec les représentations communément admises de la masculinité et de la féminité. La virilité est encore largement associée à la performance sexuelle et à une forte libido. De même, les injonctions à une féminité sexy et désirante restent prégnantes.

Ne correspondant pas à ces stéréotypes, l'adolescent asexuel peut douter de sa propre identité masculine ou féminine. Les garçons craignent d'être perçus comme "efféminés", les filles redoutent qu'on mette en cause leur féminité. Cette dissonance avec les normes intériorisées renforce le sentiment de ne pas être un "vrai" homme ou une "vraie" femme.

Pourtant, derrière ces doutes, l'on retrouve un individu qui ne se reconnaît pas dans les clichés réducteurs assignés à son genre. Sa différence n'enlève rien à son essence d'être humain unique. Comprendre cette distinction subtile est un enjeu majeur pour l'acceptation de soi.

Questionnement sur son orientation sexuelle

Ne ressentant pas d'attirance pour l'un ou l'autre sexe, l'adolescent asexuel peut se questionner, à tort, sur une possible homosexualité.

Le couple et la famille, refuge face à la norme

Ne trouvant pas leur place dans les codes de la sexualité adolescente, certains jeunes asexuels se raccrochent à d'autres repères socialement valorisés, comme le couple et la famille future. Ils cultivent l'espoir qu'avoir un partenaire et des enfants leur permettra de s'intégrer malgré leur différence.

Derrière ce désir précoce de conjugalité et de parentalité, se cache souvent la volonté de compenser leur asexualité par d'autres rôles socialement valorisés. Le couple et la famille deviennent un refuge, un moyen de correspondre aux attentes malgré leur orientation atypique.

Bien sûr, ce besoin répond aussi à un désir sincère d'amour et de transmission. Mais l'idéalisation trahit la quête sous-jacente d'une normalité rassurante. Au lieu d'assumer pleinement leur asexualité, certains anticipent trop tôt des projets futurs dictés par les normes ambiantes.

Pour conclure ce chapitre, je dirais qu'il semble évident que le trouble identitaire lié à l'asexualité peut fragiliser l'adolescent et compliquer sa construction personnelle. Un accompagnement bienveillant est primordial pour l'aider à s'épanouir et pour éviter que d'autres troubles ne se développent.

DIFFICULTÉS PSYCHOLOGIQUES ASSOCIÉES

Ce trouble identitaire, cette incompréhension et ce rejet de la part des pairs plongent souvent l'adolescent asexuel dans un profond mal-être psychologique. Isolement, anxiété, dépression... les risques sont multiples.

Une identité fragile en construction

Se sentir différent, voire anormal, durant l'adolescence ne peut qu'ébranler une estime de soi encore fragile. À un âge où la construction identitaire passe beaucoup par le regard des pairs, le sentiment de marginalité de l'adolescent asexuel le renvoie à sa propre étrangeté.

Incompris, en décalage avec les codes de sa génération, il peine à se valoriser. Sa différence, loin d'être vécue comme une richesse, devient motif de honte et d'exclusion. Cela génère un profond sentiment d'illégitimité.

Sans le soutien de proches ou de modèles avec qui s'identifier, l'adolescent asexuel risque de développer une image négative de lui-même. Sa quête d'acceptation se heurte à l'incompréhension ambiante. Seule une estime de soi solide lui permettra de traverser ces turbulences en faisant fructifier sa singularité.

Le réconfort des mondes virtuels

Face à l'incompréhension de leur entourage, certains adolescents asexuels préfèrent se réfugier dans l'anonymat rassurant d'Internet et des jeux vidéo en ligne. Ne trouvant pas leur place dans les interactions sociales réelles, ils investissent des communautés virtuelles qui leur offrent un espace de parole sans jugement.

Les mondes numériques leur permettent aussi d'expérimenter des identités fantasmagoriques dans lesquelles ils se sentent mieux acceptés. Le virtuel devient ainsi un substitut du réel, un territoire protecteur où ils maîtrisent mieux les codes.

Bien sûr, cet isolement comporte le risque de couper l'adolescent des défis relationnels nécessaires à sa construction identitaire. Mais, à défaut d'autre refuge, les univers en ligne restent souvent son seul soutien face à une société qu'il juge hostile.

Souffrances psychiques et mécanismes d'évitement

Le trouble identitaire et les difficultés relationnelles peuvent plonger l'adolescent asexuel dans des états d'anxiété ou de dépression. Ne comprenant pas ce qu'il vit, rongé par le sentiment de ne pas trouver sa place, il développe une souffrance psychique qui requiert aide et accompagnement.

Certains sombrent également dans des troubles alimentaires comme l'anorexie ou la boulimie. Le contrôle du corps et de la nourriture devient alors un substitut illusoire à l'absence de maîtrise de leur vie intime et sociale.

D'autres encore s'évadent dans des conduites addictives afin de fuir leur malaise existentiel. Derrière ces mécanismes, se cache souvent un profond besoin de reconnaissance et d'acceptation de soi.

Automédication et prises de risques

La détresse psychologique de l'adolescent asexuel peut le conduire à négliger sa santé physique et mentale. Grignotages compulsifs, sédentarité, troubles du sommeil... Autant de symptômes d'un mal-être profond.

Certains vont même jusqu'à recourir à l'automédication par des drogues, dans l'espoir illusoire qu'elles atténueront leur souffrance. Les drogues désinhibantes ou euphorisantes sont alors perçues comme un moyen de se rapprocher des autres et de ressentir une forme de communion émotionnelle avec eux.

Bien sûr, cette voie est dangereuse et contre productive. Mais la quête d'intégration et d'acceptation peut pousser l'adolescent asexuel fragilisé à prendre des risques inconsidérés, au mépris de sa sécurité. Un accompagnement précoce est essentiel pour prévenir ces dérives autodestructrices.

Comportements auto-destructeurs

Certains adolescents asexuels sont prêts à s'infliger des violences physiques ou morales dans l'espoir de faire naître en eux du désir sexuel et de s'adapter ainsi à la norme dominante.

Par exemple, certains adolescents ont recours à l'auto-flagellation, dans l'idée que la douleur physique pourrait éveiller des sensations ou de l'excitation sexuelle. D'autres s'imposent de visionner des contenus pornographiques pouvant les rebuter, dans l'espoir vain que cela déclenche l'apparition d'une libido.

Sur le plan moral, nombre d'adolescents asexuels intègrent l'idée qu'ils sont "anormaux" et s'infligent de véritables souffrances psychologiques par la honte et la culpabilité. Ils peuvent en venir à accepter des rapports non consentis, simplement pour se conformer à la norme sociale de la sexualité adolescente.

Ces différentes violences auto-infligées témoignent de la détresse dans laquelle peuvent se trouver certains jeunes asexuels, prêts aux pires compromissions et souffrances pour tenter de s'adapter à ce qui est attendu d'eux en matière de sexualité. Un accompagnement psychologique bienveillant et sans jugement est alors essentiel.

CONSEILS AUX PARENTS

Heureusement, avec l'aide de ses parents et d'un suivi psychologique, si besoin, l'adolescent asexuel peut traverser cette période délicate et s'épanouir. Voici quelques conseils pour l'accompagner au mieux dans cette difficile transition :

• Soyez à l'écoute.

• Ne jugez pas.

• Renforcez sa confiance.

• Rassurez-le sur le fait qu'il n'est pas "anormal" et que cette orientation est parfaitement acceptable.

• Respectez son rythme.

Pour finir, vous pouvez l'orienter vers un professionnel de santé si besoin, pour un accompagnement spécialisé et adapté à cette problématique complexe, mais seulement s'il en fait la demande.

Avec patience et compréhension, vous aiderez votre adolescent à traverser cette période délicate et à s'épanouir, quelle que soit son orientation sexuelle.

ASEXUALITÉ CHEZ LES SENIORS

Il me semble important de parler aussi de la baisse de libido chez certains seniors pour éviter toute confusion avec l'asexualité.

Avec l'avancée en âge, en particulier après la ménopause chez la femme et l'andropause chez l'homme, une diminution de la libido et de l'intérêt pour la sexualité peut survenir. Cette évolution est liée à des changements hormonaux et physiologiques naturels.

La baisse des hormones sexuelles comme la testostérone ou les œstrogènes entraîne une atrophie des organes sexuels et une moindre réactivité aux stimuli érotiques. Parallèlement, des problèmes de santé fréquents chez les seniors (diabète, hypertension, arthrose...) peuvent inhiber la fonction sexuelle.

Sur le plan psychologique, le vieillissement s'accompagne souvent d'une moindre focalisation sur la sexualité. Les seniors accordent moins d'importance aux performances sexuelles et sont moins obsédés par le besoin de séduction. Ils orientent leur énergie vers d'autres centres d'intérêt.

Cette perte de désir sensuel chez le senior est progressive et peut être source de frustration, de manque, voire de dévalorisation. Certains la vivent comme le signe d'un déclin physique et mental. À l'inverse, l'asexuel assume pleinement son absence de pulsion sexuelle, vécue comme partie intégrante de son identité. Son manque de libido n'est pas ressenti négativement.

On peut donc comprendre que, même si dans certains cas l'asexualité émerge ou s'accentue avec l'âge, il ne faut pas la confondre avec la baisse de libido liée au vieillissement. Ce sont deux phénomènes différents, tant par leurs causes que par leur vécu psychologique.

ASEXUALITÉ AU MASCULIN ET AU FÉMININ

Bien que touchant les deux sexes, l'asexualité peut se manifester et être vécue différemment chez les hommes et les femmes du point de vue biologique. Je souhaite clarifier ici quelques singularités propres à chaque sexe, sachant qu'il s'agit de grandes tendances comportant de nombreuses exceptions.

Je tiens à préciser que je m'intéresse dans ce chapitre au vécu des personnes cisgenres, c'est-à-dire s'identifiant au genre associé à leur sexe de naissance. En effet, l'asexualité chez les personnes transgenres présente des spécificités propres (expériences vécues, questionnements identitaires, défis relationnels, discriminations subies...) qu'il serait réducteur d'aborder rapidement dans ce seul chapitre.

CHEZ LA FEMME

Causes hormonales fréquentes

Les femmes asexuelles présentent plus souvent des taux faibles de testostérone ou des troubles du système endocrinien, à l'origine d'une baisse de désir. Un bilan hormonal est recommandé.

Difficulté de lubrification

Le manque d'excitation empêche parfois la lubrification vaginale nécessaire à la pénétration. Cela peut compliquer voire empêcher les rapports sexuels et doit être pallié par des lubrifiants.

Risque de tension dans le couple

La femme asexuelle peut accepter des rapports sexuels par amour pour son conjoint, ce qui n'est pas sans poser des difficultés sur la durée si elle force sa nature. En effet, il peut y avoir une frustration, voire de la colère qui se crée à force de se demander « Pourquoi devrais-je m'obliger à faire quelque chose dont je n'ai pas envie, pourquoi ne peut-il pas juste accepter qui je suis ? »

Incompréhension sociale accrue

La société attendant davantage des femmes qu'elles soient séductrices et désirantes, l'asexualité féminine heurte plus les représentations dominantes et expose à la réprobation.

CHEZ L'HOMME

Facteurs physiques moins déterminants

Même avec un taux de testostérone normal et en bonne santé, l'homme peut ne ressentir aucun désir pour la chose sexuelle de façon constitutive.

Difficulté d'érection

L'absence de pulsion érotique peut empêcher mécaniquement l'érection, rendant impossible la pénétration lors de rapports sexuels. Certains médicaments facilitent cependant l'érection.

Sentiment de ne pas être "un vrai homme"

Ne correspondant pas aux stéréotypes de la virilité, l'homme asexuel peut douter de sa masculinité et subir les moqueries ou le rejet de ses pairs.

Dans une société encore imprégnée de la figure du "mâle dominant" axé sur la performance sexuelle, l'asexualité masculine détonne et dérange. Elle vient bousculer les représentations traditionnelles de la masculinité.

De ce fait, certains hommes asexuels sont la cible de suspicions, soupçonnés "d'avoir un problème". Ces préjugés les renvoient à un intense sentiment de ne pas être de "vrais" hommes, d'être diminués dans leur virilité.

Ces pressions insidieuses, venant de leur entourage ou intériorisées, peuvent aller jusqu'à des formes de harcèlement ou de rejet explicites, particulièrement violents psychologiquement. L'homme asexuel doit alors redoubler d'efforts pour assumer son identité face à l'incompréhension ambiante.

Ainsi, les diktats d'une virilité stéréotypée pèsent particulièrement sur l'homme asexuel, l'exposant à des mises en doute violentes auxquelles il doit réussir à ne pas se laisser définir.

Difficulté à reconnaître son asexualité

Conditionnés à correspondre à une image virile axée sur la sexualité, de nombreux hommes asexuels peinent à accepter et à assumer leur manque de désir, ce qui retarde la reconnaissance et l'acceptation de leur orientation sexuelle. Certains, persuadés qu'un "vrai" homme doit être attiré par le sexe, vont même jusqu'à explorer des sexualités extrêmes dans l'espoir de raviver une libido défaillante.

Consommation de pornographie intensive, expériences BDSM, multiplicité de partenaires... Par ces excès, ils cherchent désespérément à se conformer au modèle de la virilité dominante. L'absence persistante de désir est alors vécue comme une honte, la preuve de leur inadéquation à l'idéal masculin.

Il leur faudra du temps pour comprendre que l'asexualité n'a rien d'antisocial et ne les empêche pas de s'épanouir dans une masculinité équilibrée, en phase avec leurs aspirations profondes. Accepter sa nature propre est un préalable à la construction sereine de son identité d'homme.

Il est donc évident que des différences existent dans la façon dont hommes et femmes vivent l'asexualité, liées tant aux fluctuations hormonales propres à chaque sexe qu'aux contraintes des rôles de genre. Mais dans tous les cas, une acceptation bien-veillante et un dialogue ouvert sont les clés pour s'épanouir.

ASEXUALITÉ ET HOMOSEXUALITÉ

L'association entre homosexualité et asexualité est encore peu documentée scientifiquement, mais on trouve quelques travaux et témoignages à ce sujet.

D'un point de vue théorique, il est tout à fait possible d'être à la fois homosexuel et asexuel. En effet, l'homosexualité se définit par une attraction sentimentale et émotionnelle envers le même sexe, tandis que l'asexualité se caractérise par une absence ou quasi-absence d'attirance sexuelle. Ces deux orientations ne sont donc pas antinomiques.

On parle alors d'"homoromantisme asexuel", c'est-à-dire une inclination romantique homosexuelle sans désir sexuel associé.

Quelques études qualitatives ont recueilli les témoignages de personnes s'identifiant à la fois comme homosexuelles et asexuelles. Ces individus disent éprouver des sentiments amoureux pour le même sexe, mais sans ressentir le besoin d'une composante physique ou sexuelle dans leurs relations.

Cependant, cette double orientation reste très minoritaire et méconnue, même au sein de la communauté LGBTQIA+. Les individus homoromantiques asexuels rapportent souvent se sentir "invisibles".

Bien que des recherches soient nécessaires pour mieux cerner ce profil, son existence même si marginale montre la diversité des vécus individuels en matière de sexualité et d'orientation.

Clarifions ici les spécificités de l'asexualité au sein des communautés gaie et lesbienne.

ASEXUALITÉ CHEZ LES HOMMES GAYS

Une orientation parmi d'autres

Certains hommes homosexuels s'identifient également comme asexuels, l'absence de désir pour les femmes n'impliquant pas forcément une appétence pour les hommes. L'asexualité représente pour eux une orientation à part entière.

Un coming-out complexe

Faire son coming-out en tant qu'homme homosexuel asexuel représente un défi particulier, cette double orientation étant peu connue et comprise. Elle confronte à des formes de rejet spécifiques.

Des relations platoniques valorisées

Ne recherchant pas le contact physique, les gays asexuels explorent d'autres formes de socialisation au sein de la communauté LGBTQIA+ : activisme, soutien moral...

ASEXUALITÉ CHEZ LES FEMMES LES-BIENNES

Confusion avec le lesbianisme politique

Le refus de sexualité avec les hommes pouvant relever d'un choix féministe, l'asexualité est parfois confondue avec un lesbianisme militant dénué de désir.

Partage de valeurs communautaires

Au-delà de la sexualité, les lesbiennes asexuelles s'identifient souvent aux combats féministes, à la visibilité et à la culture queer portés par les lesbiennes.

Craintes de décrédibiliser le lesbianisme

La figure de la lesbienne asexuée alimente certains préjugés homophobes. Certaines lesbiennes asexuelles sont soupçonnées de vouloir "atténuer" leur homosexualité. En effet, leur absence de désir sexuel peut être interprétée, à tort, comme la preuve que leur orientation homosexuelle n'est pas pleinement assumée ou "authentique".

Leur entourage, ne concevant pas l'homosexualité sans sexualité, peut alors douter de la sincérité de leur coming-out. On soupçonne ces femmes de n'avoir "pas encore rencontré le bon homme" et de s'être tournées vers les femmes par dépit ou conformisme militant.

Ces suspicions erronées, reposant sur une vision stéréotypée de l'homosexualité, sont très douloureuses pour les lesbiennes asexuelles. Elles se sentent sommées de prouver la légitimité de leur orientation, et craignent de desservir la cause LGBTQIA+ par leur seule existence. Pourtant, l'asexualité et l'homosexualité ne s'excluent nullement l'une l'autre.

Pour conclure, bien que distinctes, asexualité et homosexualité présentent des points de convergence dans leur divergence à la norme sexuelle. Leur coexistence au sein d'un même individu ouvre des perspectives relationnelles et militantes originales, encore peu documentées à ce jour.

VIVRE SEREINEMENT SON ASEXUALITÉ

Alors qu'elle est encore peu connue et comprise, l'asexualité n'en est pas moins une orientation valable qu'il est possible d'assumer pour s'épanouir. A condition de l'appréhender de manière constructive et avec bienveillance. Voici quelques pistes.

DANS LE COUPLE

Communiquer pour se comprendre

Dans un couple où l'un des partenaires est asexuel, il est essentiel de cultiver un dialogue respectueux et empathique pour se comprendre. Je conseille souvent à mes patients l'approche de la communication non-violente (CNV).

Il s'agit d'une technique à part entière que je ne fais qu'effleurer ici. La CNV propose d'exprimer ses sentiments et besoins avec bienveillance, sans accuser l'autre. Par exemple, l'allosexuel pourrait formuler "Je me sens frustré, car j'ai beaucoup de besoins de contacts physiques" plutôt que "Tu ne me donnes pas assez de sexe".

En adoptant un langage d'écoute et de compromis, chaque partenaire peut exprimer ses limites et aspirations profondes sans forcer celles de l'autre. Le dialogue bienveillant, même s'il est difficile, est la clé pour nourrir l'amour et la confiance.

Développer une intimité affective

L'asexuel peut proposer à son conjoint des formes d'intimité alternatives : promenades main dans la main, soirées à se faire des confidences, jeux, complicité intellectuelle... Le couple ne se résume pas à la sexualité.

Négocier une exclusivité affective

Le couple peut s'accorder sur le fait de rester soudé émotionnellement, tout en ouvrant la sexualité à des partenaires externes pour répondre aux besoins de l'allosexuel. Mais cette option délicate nécessite quelques précautions.

Tout d'abord, elle ne doit être envisagée que si les deux partenaires y consentent pleinement. Il est essentiel que l'asexuel ne se force pas à accepter par peur de perdre l'être aimé, mais y adhère de son plein gré, sans pressions.

Ensuite, des règles claires doivent encadrer ces relations extra-conjugales, pour éviter tout dérapage émotionnel. Horaires, usages de protection, choix des partenaires, modalités de communication...tout doit être défini en accord.

Enfin, une extrême confiance entre les conjoints est requise, ainsi qu'une communication totale sur les ressentis. Le moindre doute ou soupçon de jeu dangereux doit pouvoir s'exprimer et être entendu.

Car ouvrir son couple requiert maturité et sagesse pour que cela ne se fasse pas au détriment du lien. Les sentiments amoureux restent fragiles. Avant de sauter le pas, mieux vaut mûrir longuement sa réflexion.

C'est le choix qu'ont fait Julie et Henri, un couple "mixte" depuis trois ans. Henri étant asexuel, Julie avait de plus en plus de frustrations sexuelles. Après de longs échanges empreints de bien-veillance, ils ont décidé d'un commun accord qu'elle pourrait avoir des relations sexuelles avec d'autres hommes, tout en restant attachée sur le plan affectif à Henri.

Ce genre d'arrangement peut sembler encore plus délicat lorsque l'homme est asexuel. En effet, certaines théories évolutionnistes postulent que les hommes auront plus de mal que les femmes à accepter que leur partenaire ait des relations sexuelles avec d'autres. La jalousie masculine serait ancrée dans des instincts de compétition et de possession visant à garantir leur patrimoine génétique.

Malgré ces supposées prédispositions, Julie et Henri y sont parvenus via le dialogue. Au début, lorsque Julie partait à ces rendez-vous, Henri ressentait des picotements de jalousie qu'il exprimait à Julie et ils en discutaient calmement pour désamorcer ces tensions. Petit à petit, à force de communication et de confirmation de l'amour de Julie, Henri a acquis plus de confiance en la solidité de leur couple. Julie aussi faisait beaucoup d'efforts pour rassurer Henri, en l'appelant après chacun de ses rendez-vous par exemple. Elle lui envoyait aussi des petits messages amoureux ou l'invitait au restaurant après, pour lui montrer qu'il restait l'homme de sa vie.

Avec le temps, la sérénité s'est installée. Henri a compris que ces relations physiques extra-conjugales ne menaçaient pas l'amour profond qui l'unissait à Julie. Tout n'est pas toujours facile dans cet équilibre atypique, mais cette solution leur convient mieux que la rupture.

L'ouverture du couple dans le respect mutuel peut permettre de concilier asexualité et sexualité, à condition d'y mettre des formes et de la maturité. Mais il faut savoir que cela ne fonctionne pas pour tous les cas de figure.

Accepter une sexualité occasionnelle

Certains asexuels acceptent d'avoir des rapports sexuels occasionnels pour faire plaisir à leur conjoint, à condition que ce ne soit pas trop régulier pour ne pas se forcer. Mais il faut veiller à ne pas tomber dans un travers courant : l'asexuel peut accepter des rapports par amour, pour satisfaire l'autre, tout en ressentant une forme de répulsion ou de malaise.

Or, il est essentiel de rester à l'écoute de ses propres limites et de ne pas se forcer physiquement pour complaire au partenaire, au risque de développer des troubles psychosexuels. Le dégoût peut s'installer insidieusement.

De plus, il ne faut pas perdre de vue que donner du plaisir à l'être aimé procure aussi une forme de satisfaction sur le plan émotionnel. On peut accepter l'acte sexuel pour ce plaisir à faire plaisir, mais à condition que le corps suive sans réticence.

C'est un subtil équilibre à trouver, entre compromis et respect de soi. La communication est essentielle pour s'assurer que ces rapports épisodiques restent un choix libre et conscient, sans déni de son orientation profonde. Il vaut mieux les espacer que de se forcer par amour puis développer un blocage.

Accepter une sexualité occasionnelle est possible, à condition de rester à l'écoute de ses besoins authentiques et de savoir poser ses limites, en pleine conscience. L'asexuel ne doit pas s'oublier dans le couple.

Recourir à une thérapie de couple

En cas de blocage, de tensions ou de risque de rupture, il ne faut pas hésiter à consulter un thérapeute de couple. Lorsque je reçois des couples en consultation, certains m'avouent avoir longtemps repoussé cette démarche, la percevant comme l'aveu d'un échec ou d'un dernier recours.

Pourtant, faire appel à une médiation bienveillante est au contraire une preuve de maturité et un acte d'amour. Cela demande du courage pour accepter de se remettre en question et d'affronter ses difficultés. C'est un espoir que l'amour qui unit le couple puisse se reconstruire sur de nouvelles bases, plus équilibrées.

Le thérapeute va accompagner chacun des partenaires avec compassion, pour l'aider à exprimer ses blessures et à entendre les besoins de l'autre. Son intervention extérieure et professionnelle peut permettre de restaurer une communication et de retrouver un équilibre, dans le respect des orientations de chacun.

FACE AUX PRÉJUGÉS

S'entourer de personnes respectueuses

Il est primordial que l'asexuel s'entoure de personnes aimantes et respectueuses, que ce soit au sein du couple, de la famille ou dans son cercle amical. Les relations néfastes sont à fuir.

En effet, beaucoup de souffrances peuvent être épargnées si l'entourage fait preuve d'ouverture d'esprit et d'acceptation bienveillante. Des proches attentifs, qui considèrent l'asexualité avec naturalité plutôt que comme un "problème à régler", sont un soutien précieux. Ils participent à la construction d'une estime de soi positive.

À l'inverse, les injonctions à "guérir", l'incompréhension, le déni ou le rejet blessent profondément l'asexuel, d'autant plus s'ils émanent de ceux qui lui sont chers. Il est alors préférable de prendre de la distance, voire de rompre les liens, pour se protéger. Entretenir des relations épanouissantes avec des personnes respectueuses est la clé d'une vie affective équilibrée.

Expliquer son asexualité avec pédagogie

Face à l'ignorance, mieux vaut prendre le temps d'expliquer posément son absence de désir sexuel plutôt que de réagir avec colère. Les préjugés se combattent par la pédagogie.

Lors d'une séance, Thomas m'avait demandé comment expliquer ce qu'il ressentait en utilisant une analogie. Je vous retranscris ici notre dialogue, que j'ai commencé par une question très simple :

- « Est-ce que vous aimez le chocolat ? »
- « Oui, sans plus. »
- « Si je vous en offrais un, là, est-ce que vous le prendriez ? »
- « Oui, mais surtout pour vous faire plaisir, car je n'ai pas faim, et, si j'avais faim, je préférerais un truc salé. »
- « D'accord. Et est-ce que vous mangeriez le chocolat avec plaisir ? »

- « Ben, s'il est vraiment bon, oui, pourquoi pas, mais disons que plaisir est un
grand mot. »

- « Et est-ce que vous pensez au chocolat
toute la journée ? »

Là, il éclate de rire et me répond « certai-
nement pas ! »

- « Est-ce que vous connaissez des gens
qui aiment vraiment ça ? »

- « Ah oui, ma sœur par exemple, elle est
complètement obsédée, elle mange au
moins une tablette par jour. »

- « Bon, voilà, vous avez votre analogie,
pour vous le sexe c'est comme le chocolat,
vous pouvez en manger si nécessaire, mais,
s'il n'y en a pas, vous n'y pensez pas, et
vous n'allez sûrement jamais en acheter ! »

Réfuter les idées reçues

L'asexuel doit être ferme quand son entourage colporte des idées fausses, par
exemple que l'asexualité serait une maladie,
un traumatisme ou de la frigidité. Ces amal-
games sont à déconstruire.

User d'humour et de dérision

Face aux maladresses ou remarques blessantes, manier l'humour et l'autodérision permet souvent de faire passer le message de manière plus légère et de désamorcer les tensions.

S'engager contre les discriminations

Il peut être enrichissant de rejoindre des associations militant pour la visibilité et l'acceptation de l'asexualité. Le militantisme permet de lutter activement contre les discriminations.

POUR LES PERSONNES ASEXUELLES QUI SOUHAITENT CHANGER

Je tiens à préciser d'emblée qu'il ne s'agit en aucun cas d'une obligation ou d'une injonction. L'asexualité est une orientation aussi valable qu'une autre, qui ne nécessite aucune "correction".

Cependant, il existe certaines personnes asexuelles qui éprouvent le désir sincère de voir leur appétence sexuelle se développer, pour diverses raisons personnelles. Par exemple :

- Par amour pour leur partenaire allosexuel, pour nourrir la relation.

- Pour explorer cet aspect de l'existence dont ils se sentent exclus.

- Par curiosité de découvrir le plaisir physique et ses bienfaits.

- Pour s'intégrer plus harmonieusement dans une société qui valorise la sexualité.

Dans ces cas-là uniquement, lorsque le souhait est authentique et mûrement réfléchi, il existe des pistes douces pour tenter de stimuler la libido progressivement. Le principal est de rester à l'écoute de soi.

Nous allons explorer quelques approches, sachant qu'il n'y a pas de solution universelle adaptée à tous. Ce chapitre s'adresse spécifiquement à celles et ceux qui ressentent sincèrement le désir de développer une sexualité plus conventionnelle, car cela leur semble nécessaire pour s'épanouir pleinement.

Si tel est votre cas, gardez à l'esprit que le plus important est de vous faire confiance et de respecter votre rythme. Il n'y a pas d'urgence ni d'obligation. Votre cheminement personnel est le guide à suivre.

Entamer une psychothérapie

Une démarche d'analyse, en cherchant à comprendre l'origine de ce blocage intime sans porter de jugement, peut aider à renouer un rapport apaisé à la sexualité.

Consulter un sexologue

Le sexologue est le professionnel le plus adapté pour aborder la sexualité de manière progressive, ludique et dédramatisée. Des exercices pratiques peuvent être proposés.

Faire un bilan hormonal

Il est possible que certains déséquilibres hormonaux (testostérone, œstrogène...) puissent affecter la libido. C'est pourquoi il peut être pertinent de consulter un médecin pour un bilan et d'éventuels traitements appropriés.

Se réconcilier en douceur avec la sensualité

Certaines pratiques douces comme le massage et la méditation peuvent aider une personne asexuelle à renouer un dialogue apaisé avec son corps. Le massage, par les sensations de bien-être qu'il procure, réconcilie avec l'idée d'un toucher relaxant, en dehors de toute sensualité imposée. La méditation quant à elle réduit le mental et ses injonctions pour se recentrer sur l'instant présent.

Ces techniques sont un préalable pour aborder ensuite le tantra, issu de la tradition indienne. Par divers exercices énergétiques, respiratoires et contemplatifs, le tantra considère le corps comme un temple sacré. Il vise à faire circuler les énergies dans tout le corps de manière harmonieuse.

Ainsi, pour une personne asexuelle qui le souhaite, cette approche peut l'aider à se réconcilier sereinement avec sa sensualité, sans objectif de performance sexuelle. Elle pourra alors redécouvrir son enveloppe physique de manière sacrée, et parvenir à dénouer leurs blocages dans un esprit de lâcher-prise.

Pour résumer, je dirais que, bien que certains asexuels soient épanouis dans leur orientation, d'autres ressentent le besoin de la faire évoluer. Il existe des pistes pour tenter de retrouver une libido ou de développer son attirance sexuelle. Toutefois, ces démarches ne garantissent pas un changement et peuvent s'avérer frustrantes. L'essentiel est de respecter son propre rythme et de rester à l'écoute de soi-même. Les idées évoquées dans ce chapitre ne sont que quelques suggestions, car les solutions sont propres à chacun. Le plus important est de se sentir bien dans sa sexualité, quelle qu'elle soit. L'acceptation de soi est la clé d'une vie épanouie.

CONCLUSION

J'espère avoir pu vous apporter à travers cet ouvrage un éclairage nuancé sur l'asexualité, orientation encore trop souvent taboue ou ignorée dans notre société.

Au-delà des préjugés et de l'incompréhension qui entourent ce trouble de l'identité sexuelle, se cachent des réalités humaines complexes qu'il était temps d'aborder sans jugement. Car derrière l'apparente "bizarrerie" de l'asexualité, se dissimulent de vraies détresses, des quêtes de sens et d'épanouissement entravées.

Les différents témoignages rapportés montrent à quel point ce désintérêt pour la chose sexuelle peut générer un profond sentiment de marginalisation, d'illégitimité et de solitude. Prisonniers de leurs doutes, nombre d'asexuels s'enferment dans une zone de non-dit qui les coupe des autres et d'eux-mêmes.

Pourtant, à condition d'être diagnostiquée puis comprise dans sa complexité, l'asexualité ne constitue nullement un obstacle insur-montable à une vie riche et équilibrée. Les différentes pistes proposées dans cet ouvrage offrent des outils concrets pour apprivoiser sereinement ce rapport singulier à l'intime.

Bien sûr, chemin faisant, rechutes et découragements sont possibles. Personne ne peut effacer d'un coup de baguette magique les blessures et les incompréhensions accumulées depuis l'enfance chez certains. Mais à force de patience et de dialogue, les mentalités évoluent. Peu à peu, l'asexuel reconquiert le droit d'aimer et de s'accomplir à sa manière. Et c'est là le plus beau des combats.

GLOSSAIRE

Allosexuel : Qui ressent une attraction sexuelle envers une autre personne, quelle que soit son orientation sexuelle

Andropause : Diminution graduelle de la production de testostérone chez l'homme entraînant un déclin de la libido.

Estime de soi : Sentiment positif de sa propre valeur.

Idéal du moi : Représentation inconsciente de ce à quoi l'on aspire, de la perfection à atteindre.

Imago parentale : Représentation inconsciente et idéalisée que l'enfant se fait de ses parents.

Libido : Énergie pulsionnelle d'origine sexuelle.

Ménopause : Disparition des règles et arrêt définitif de la fonction ovarienne entraînant une baisse des œstrogènes et de la libido chez la femme.

Pulsion sexuelle : Force motrice d'origine interne conduisant à la recherche du plaisir sexuel.

Sublimation : Processus psychique consistant à dériver une pulsion vers un but non sexuel et socialement valorisé.

Surmoi : Instance psychique provenant de l'intériorisation des interdits parentaux et des règles sociales. Siège de la conscience morale.

Testostérone : Hormone sexuelle mâle jouant un rôle important dans le désir sexuel.

BIBLIOGRAPHIE

Brotto, L. (2018). *Better Sex Through Mindfulness: How Women Can Cultivate Desire*, Greystone Books.

Cerankowski, K. J., & Milks, M. (2014). *Asexualities: Feminist and Queer Perspectives*, Routledge.

Decker, J. S. (2015). *The invisible orientation: An introduction to asexuality*, Skyhorse Publishing, Inc.

Gressgård, R. (2013). « Asexuality: From Pathology to Identity and Beyond », *Psychology & Sexuality*, 4(2) : 179-192.

Jay, K. (2014). « The Joy of Text: Mobilizing Biblical Texts for Asexual Politics ». *Asexualities: Feminist and Queer Perspectives*, 412-28.

Milks, M., & Cerankowski, K. J. (2014). Asexualities: Feminist and Queer Perspectives. Routledge.

Scherrer, K. (2008). « Coming to an Asexual Identity: Negotiating Identity, Negotiating Desire ». *Sexualities*, 11(5) : 621-641.

Suggestions de sites web :

asexualite.info

fr.asexuality.org

A propos de l'auteur :

Véronique Lopez est diplômée en psychologie et psycho-physiologie, et a suivi des formations de psychanalyse et de psychothérapie qu'elle exerce à Paris.

Elle est spécialisée dans les troubles de l'humeur et de la personnalité, les difficultés relationnelles, et les problèmes liés au manque de confiance en soi.

Forte de sa longue expérience de thérapeute, elle a publié plusieurs articles et livres, accessibles à tous, sur la psychologie des couleurs, et sur des problématiques psychologiques telles que la chérophobie, le narcissisme, l'éco-anxiété, etc.